Die 30 häufigsten Verben auf Deutsch

© didaktis M. Walder
Text: Peter C. Langendorf und Michael Walder
Umschlag, Illustration: Michael Walder
Lektorat, Korrektorat: Geneviève Appenzeller

Druck und Distribution im Auftrag von didaktis M. Walder:
Verlag: BoD · Books on Demand GmbH, In de Tarpen 42, 22848 Norderstedt
Druck: Libri Plureos GmbH, Friedensallee 273, 22763 Hamburg

ISBN: 978-3-7693-1618-6

Über dieses Büchlein

Verben lernen ist kein Vergnügen, das gebe ich zu, aber trotzdem, es ist halt doch irgendwie wichtig ☹. Wenn jemand eine Sprache nicht so gut beherrscht, dann merkt man es oft daran, dass die Verben falsch konjugiert sind. Deshalb beschränken wir uns auf das Wesentliche. Wir verzichten auf viel Theorie, aber mit der Zeit wirst du wie von selbst merken, wie der Hase läuft. Du wirst ein Gefühl dafür entwickeln, wies richtig ist oder wenigstens weniger falsch ☺. Deshalb stürze dich ins Unangenehme und lerne jede Woche ein neues Verb, denn Achtung: schreiben musst du sie alle selber. Aber bevor es losgeht, erkläre ich dir noch, was die Symbole in diesem Büchlein zu bedeuten haben.

Kategorie

Das sind die Allerweltsverben, sie kommen überall und in vielen Bereichen vor. Mit ihnen beschreibst du zum Beispiel, wie es dir geht, wie alt du bist, was du siehst usw.

Ja genau, richtig, alles, was man normalerweise mit den Händen macht: machen, nehmen, legen, stellen, geben etc.

Seien wir ehrlich: Mit anderen schwatzen, das ist einfach grossartig und diese Verben helfen dir genau dabei: etwas sagen, deine Meinung aussprechen, reden, fragen usw.

Wo führt das hin? Ja klar, auf Reisen möchte man nicht stehenbleiben, deshalb helfen dir diese Verben, um weiterzukommen.

Schwierigkeitsgrad

 So leicht wie das Insekt von Blüte zu Blüte fliegt, sind diese Verben zu lernen. Sie folgen klaren Regeln und machen keine Schwierigkeiten.

 Na ja, es gibt kleine und grosse Hunde und so sind diese Verben auch: Die kleinen Kläffer sind laut, aber nicht so schwer. Dann gibt es halt auch die grossen, harten Hunde, die Angst machen. Aber wenigstens folgen diese Verben gewissen Regeln.

 Dieses Tier ist schwer, sehr schwer sogar und so sind es diese Verben auch. Sie haben keine Regeln und es bleibt dir nichts anderes übrig, als sie auswendig zu lernen.

Weisst du nicht mehr weiter oder möchtest du deine Eingaben selber korrigieren? Dann findest du auf **https://konjugator.reverso.net** eine einfache Seite, wo du Verben auf Deutsch und in vielen anderen Sprachen konjugieren lassen kannst.
Das funktioniert auch super mit deinem Mobiltelefon, wenn du diesen QR-Code scannst.

Danksagung

Mein herzliches Dankeschön geht an Peter C. Langendorf, welcher die meisten Beispielsätze geschrieben hat.

Viel Erfolg beim Lernen, wünscht euch Herr Walder.

haben _____

Präsens

ich _____

du _____

er, sie, es _____

wir _____

ihr _____

sie _____

Imperativ / Befehlsform

_____

_____

Perfekt

ich _____

du _____

er, sie, es _____

wir _____

ihr _____

sie _____

Beispiele im Präsens

+ Sie hat ein Pferd im Stall.

_____

_____

- Wir haben keine Lust.

_____

_____

? Hast du Bauchschmerzen?

_____

_____

Beispiele im Perfekt

+ Er hat früher ein teures Auto gehabt.

_____

_____

- Er hat nicht viel Glück gehabt.

_____

_____

? Habt ihr früher Zahnschmerzen gehabt?

_____

_____

haben _____

Präteritum

ich	_____
du	_____
er, sie, es	_____
wir	_____
ihr	_____
sie	_____

Futur I

ich	_____
du	_____
er, sie, es	_____
wir	_____
ihr	_____
sie	_____

Beispiele im Präteritum

+ Er hatte viele Kühe im Stall.

_____

_____

- Wir hatten Besuch von meiner Tante.

_____

_____

? Hattet ihr Zeit ins Theater zu gehen?

_____

_____

Beispiele im Futur I

+ Er wird ein neues Fahrrad haben.

_____

_____

- Sie wird nicht lange Ferien haben.

_____

_____

? Wird Anna bald Geburtstag haben?

_____

_____

sein

_____

Präsens

ich	_____
du	_____
er, sie, es	_____
wir	_____
ihr	_____
sie	_____

Imperativ / Befehlsform

_____

_____

Perfekt

ich	_____
du	_____
er, sie, es	_____
wir	_____
ihr	_____
sie	_____

Beispiele im Präsens

+ Er ist klein wie eine Maus.

_____

_____

- Sie ist nicht krank.

_____

_____

? Ist er gesund?

_____

_____

Beispiele im Perfekt

+ Das Ungeheur ist gross wie ein Elefant gewesen.

_____

_____

- Sie ist nicht im Krankenhaus gewesen.

_____

_____

? Bist du im Museum gewesen?

_____

_____

sein _____

Präteritum

ich _____

du _____

er, sie, es _____

wir _____

ihr _____

sie _____

Futur I

ich _____

du _____

er, sie, es _____

wir _____

ihr _____

sie _____

Beispiele im Präteritum

+ Sie waren im Estrich.

_____

_____

- Sie waren nicht auf dem Parkplatz.

_____

_____

? Warst du im Hotel?

_____

_____

Beispiele im Futur I

+ Sie wird die Beste im Spanisch sein.

_____

_____

- Wir werden nicht so schnell sein.

_____

_____

? Werdet ihr bald Grosseltern sein?

_____

_____

sehen _____

Präsens

ich _____

du _____

er, sie, es _____

wir _____

ihr _____

sie _____

Imperativ / Befehlsform

_____

_____

Perfekt

ich _____

du _____

er, sie, es _____

wir _____

ihr _____

sie _____

Beispiele im Präsens

+ Ich sehe ein Tier in der Dämmerung.

_____

_____

- Wir sehen den Tiger im Gras nicht.

_____

_____

? Siehst du die Sterne am Himmel?

_____

_____

Beispiele im Perfekt

+ Ich habe ein Reh gesehen.

_____

_____

- Sie haben das Krokodil im Fluss nicht gesehen.

_____

_____

? Habt ihr im Zoo ein Monster gesehen?

_____

_____

sehen _____

Präteritum

ich _____

du _____

er, sie, es _____

wir _____

ihr _____

sie _____

Futur I

ich _____

du _____

er, sie, es _____

wir _____

ihr _____

sie _____

Beispiele im Präteritum

+ Sie sahen in der Dunkelheit viele Waldtiere.

_____

_____

- Wir sahen die Fische im Aquarium nicht.

_____

_____

? Sahst du den wilden Löwen auf dem Baum?

_____

_____

Beispiele im Futur I

+ Er wird seine Frau nach der Arbeit sehen.

_____

_____

- Sie wird nicht nach vorne sehen.

_____

_____

? Werdet ihr einen Sonnenuntergang sehen?

_____

_____

werden _____

Präsens

ich   _____

du   _____

er, sie, es   _____

wir   _____

ihr   _____

sie   _____

Imperativ / Befehlsform

_____

_____

Perfekt

ich   _____

du   _____

er, sie, es   _____

wir   _____

ihr   _____

sie   _____

Beispiele im Präsens

+ Ich werde gross und stark.

_____

_____

- Ich werde nicht müde.

_____

_____

? Wird er schlau?

_____

_____

Beispiele im Perfekt

+ Ich bin gut geworden.

_____

_____

- Er ist nicht klüger geworden.

_____

_____

? Bist du schneller geworden?

_____

_____

werden _____

Präteritum

ich _____

du _____

er, sie, es _____

wir _____

ihr _____

sie _____

Futur I

ich _____

du _____

er, sie, es _____

wir _____

ihr _____

sie _____

Beispiele im Präteritum

+

Ich wurde alt.

_____

_____

-

Er wurde nicht dick.

_____

_____

?

Wurdest du schlank?

_____

_____

Beispiele im Futur I

+

Er wird stark werden.

_____

_____

-

Sie wird sportlich werden.

_____

_____

?

Werdet ihr berühmt werden?

_____

_____

kommen

Präsens

ich _____

du _____

er, sie, es _____

wir _____

ihr _____

sie _____

Imperativ / Befehlsform

_____

_____

Perfekt

ich _____

du _____

er, sie, es _____

wir _____

ihr _____

sie _____

Beispiele im Präsens

+

Er kommt alleine nach Hause.

_____

_____

-

Wir kommen nicht zur Weihnachtsfeier.

_____

_____

?

Kommst du zu mir in die Ferien?

_____

_____

Beispiele im Perfekt

+

Ich bin aus dem Wald gekommen.

_____

_____

-

Sie sind nicht von der Insel gekommen.

_____

_____

?

Seid ihr von den Bergen gekommen?

_____

_____

21

kommen _____

Präteritum

ich _____

du _____

er, sie, es _____

wir _____

ihr _____

sie _____

Futur I

ich _____

du _____

er, sie, es _____

wir _____

ihr _____

sie _____

Beispiele im Präteritum

+	Sie kam aus Afrika.
	_____
	_____
-	Wir kamen nicht aus dem Keller.
	_____
	_____
?	Kamst du aus dem Garten?
	_____
	_____

Beispiele im Futur I

+	Sie wird in einem Monat auf die Welt kommen.
	_____
	_____
-	Er wird nicht auf diese Idee kommen.
	_____
	_____
?	Werdet ihr im Herbst zu uns ans Meer kommen?
	_____
	_____

gehen _____

Präsens

ich _____

du _____

er, sie, es _____

wir _____

ihr _____

sie _____

Imperativ / Befehlsform

_____

_____

Perfekt

ich _____

du _____

er, sie, es _____

wir _____

ihr _____

sie _____

24

Beispiele im Präsens

+	Sie geht mit der Mutter ins Einkaufszentrum.
	_____
	_____
-	Wir gehen nicht mit dem Lehrer ins Kino.
	_____
	_____
?	Geht der Vater mit den Kindern in die Ferien?
	_____
	_____

Beispiele im Perfekt

+	Er ist am Abend ins Bett gegangen.
	_____
	_____
-	Sie sind nicht in die dunkle Höhle gegangen.
	_____
	_____
?	Seid ihr mit den Eltern ins Hallenbad gegangen?
	_____
	_____

gehen _____

Präteritum

ich _____

du _____

er, sie, es _____

wir _____

ihr _____

sie _____

Futur I

ich _____

du _____

er, sie, es _____

wir _____

ihr _____

sie _____

Beispiele im Präteritum

+ Sie ging neun Jahre lang in die Schule.

_____

_____

- Wir gingen nicht in die Stadt.

_____

_____

? Gingst du alleine nach Paris?

_____

_____

Beispiele im Futur I

+ Er wird mit seinem Sohn nach Australien gehen.

_____

_____

- Sie wird nicht nach Amerika gehen.

_____

_____

? Werden die Touristen zu Fuss in den Zoo gehen?

_____

_____

laufen _____ ↑→ ←↓

Präsens

ich	_____
du	_____
er, sie, es	_____
wir	_____
ihr	_____
sie	_____

Imperativ / Befehlsform

_____

_____

Perfekt

ich	_____
du	_____
er, sie, es	_____
wir	_____
ihr	_____
sie	_____

Beispiele im Präsens

+ Er läuft schnell die Treppe hinauf.

_____

_____

- Wir laufen nicht zum Park.

_____

_____

? Läuft sie mit ihrem Hund in den Wald?

_____

_____

Beispiele im Perfekt

+ Ich bin schnell in die Küche gelaufen.

_____

_____

- Sie sind nicht zum Feuer gelaufen.

_____

_____

? Seid ihr fünf Runden gelaufen?

_____

_____

laufen _____

Präteritum

ich _____

du _____

er, sie, es _____

wir _____

ihr _____

sie _____

Futur I

ich _____

du _____

er, sie, es _____

wir _____

ihr _____

sie _____

Beispiele im Präteritum

+ Sie lief viele Stunden bis sie zuhause war.

_____

_____

- Wir liefen nicht ohne unseren geliebten Hund.

_____

_____

? Wie lief es bei euch?

_____

_____

Beispiele im Futur I

+ Sie wird mit ihm bis ans Ende der Strasse laufen.

_____

_____

- Er wird nicht bis ans Ende des Marathons laufen.

_____

_____

? Werdet ihr ohne Pause 20 Kilometer laufen?

_____

_____

arbeiten _____

Präsens

ich _____

du _____

er, sie, es _____

wir _____

ihr _____

sie _____

Imperativ / Befehlsform

_____

_____

Perfekt

ich _____

du _____

er, sie, es _____

wir _____

ihr _____

sie _____

Beispiele im Präsens

+ Sie arbeiten im Restaurant.

_____

_____

- Sie arbeitet heute nicht im Büro.

_____

_____

? Arbeitet ihr heute draussen?

_____

_____

Beispiele im Perfekt

+ Er hat als Plattenleger gearbeitet.

_____

_____

- Wir haben heute nicht gearbeitet.

_____

_____

? Habt ihr gestern gearbeitet?

_____

_____

arbeiten _____

Präteritum

ich _____

du _____

er, sie, es _____

wir _____

ihr _____

sie _____

Futur I

ich _____

du _____

er, sie, es _____

wir _____

ihr _____

sie _____

Beispiele im Präteritum

+ Sie arbeitete sehr gerne als Direktorin.

_____

_____

- Herr Müller arbeitete gestern nicht.

_____

_____

? Arbeitete Frau Meyer letzte Woche?

_____

_____

Beispiele im Futur I

+ Ich werde später arbeiten.

_____

_____

- Ich werde morgen nicht arbeiten.

_____

_____

? Bis wann wirst du arbeiten?

_____

_____

machen _____

Präsens

ich _____

du _____

er, sie, es _____

wir _____

ihr _____

sie _____

Imperativ / Befehlsform

_____

_____

Perfekt

ich _____

du _____

er, sie, es _____

wir _____

ihr _____

sie _____

Beispiele im Präsens

+	Wir machen ein Geschenk für Andrea.
	_____
	_____

-	Wir machen das nicht.
	_____
	_____

?	Was macht ihr gerade?
	_____
	_____

Beispiele im Perfekt

+	Ihr habt es wieder gemacht!
	_____
	_____

-	Wir haben das nicht gemacht.
	_____
	_____

?	Habt ihr die Hausaufgaben schon gemacht?
	_____
	_____

machen _____

Präteritum

ich _____

du _____

er, sie, es _____

wir _____

ihr _____

sie _____

Futur I

ich _____

du _____

er, sie, es _____

wir _____

ihr _____

sie _____

Beispiele im Präteritum

+ Er machte den Abwasch.

_____

_____

- Er machte es nicht einfach so.

_____

_____

? Machte er euch Freude damit?

_____

_____

Beispiele im Futur I

+ Du wirst es gut machen.

_____

_____

- Sie wird den Kuchen nicht machen.

_____

_____

? Werden sie die Arbeit machen?

_____

_____

finden _____

Präsens

ich _____

du _____

er, sie, es _____

wir _____

ihr _____

sie _____

Imperativ / Befehlsform

_____

_____

Perfekt

ich _____

du _____

er, sie, es _____

wir _____

ihr _____

sie _____

Beispiele im Präsens

+

Ich finde den Weg schon.

_____

_____

-

Der Lehrer findet die Lösung nicht.

_____

_____

?

Findet ihr das Versteck?

_____

_____

Beispiele im Perfekt

+

Man hat das Geld gefunden.

_____

_____

-

Sie haben den Hinweis nicht gefunden.

_____

_____

?

Habt ihr die Katze gefunden?

_____

_____

finden _____

Präteritum

ich _____

du _____

er, sie, es _____

wir _____

ihr _____

sie _____

Futur I

ich _____

du _____

er, sie, es _____

wir _____

ihr _____

sie _____

Beispiele im Präteritum

+ Sie fanden das Velo wieder.

_____

_____

- Man fand das Messer im Gebüsch.

_____

_____

? Fandet ihr den Match gut?

_____

_____

Beispiele im Futur I

+ Die Kinder werden den Ball schon finden.

_____

_____

- Ich werde die Lösung nicht finden.

_____

_____

? Werdet ihr die Strasse finden?

_____

_____

trinken _____

Präsens

ich _____

du _____

er, sie, es _____

wir _____

ihr _____

sie _____

Imperativ / Befehlsform

_____

_____

Perfekt

ich _____

du _____

er, sie, es _____

wir _____

ihr _____

sie _____

44

Beispiele im Präsens

+
Wir trinken gerne frisches Wasser.

_____

_____

-
Sie trinken nicht aus dieser Flasche.

_____

_____

?
Trinkt ihr täglich genügend Wasser?

_____

_____

Beispiele im Perfekt

+
Ihr habt heute weniger als 1 Liter getrunken.

_____

_____

-
Sie haben diesen Sirup nicht getrunken.

_____

_____

?
Hast du diesen Tee getrunken?

_____

_____

trinken _____

Präteritum

ich _____

du _____

er, sie, es _____

wir _____

ihr _____

sie _____

Futur I

ich _____

du _____

er, sie, es _____

wir _____

ihr _____

sie _____

Beispiele im Präteritum

+	Wir tranken alles leer.
	_____

-	Sie trank die Milch nicht.
	_____

?	Trankt ihr von diesem Wasser?
	_____

Beispiele im Futur I

+	Wir werden den Saft trinken.
	_____

-	Ich werde das nicht trinken.
	_____

?	Werden sie den Tee trinken?
	_____

tun _____

Präsens

ich _____

du _____

er, sie, es _____

wir _____

ihr _____

sie _____

Imperativ / Befehlsform

_____

_____

Perfekt

ich _____

du _____

er, sie, es _____

wir _____

ihr _____

sie _____

Beispiele im Präsens

+ Sie tut das wegen mir.

_____

_____

- Wir tun dies nicht für alle.

_____

_____

? Tut ihr das jede Woche?

_____

_____

Beispiele im Perfekt

+ Sie hat das für ihren Bruder getan.

_____

_____

- Nein, wir haben das nicht getan!

_____

_____

? Hat er das getan?

_____

_____

tun _____

Präteritum

ich   _____

du   _____

er, sie, es _____

wir   _____

ihr   _____

sie   _____

Futur I

ich   _____

du   _____

er, sie, es _____

wir   _____

ihr   _____

sie   _____

Beispiele im Präteritum

+ Er tat es sehr gerne.

_____

_____

- Wir taten nicht alles.

_____

_____

? Tatet ihr das gestern Nacht?

_____

_____

Beispiele im Futur I

+ Niemand wird das tun.

_____

_____

- Wir werden es nicht tun.

_____

_____

? Wird er es wieder tun?

_____

_____

legen _____

Präsens

ich _____

du _____

er, sie, es _____

wir _____

ihr _____

sie _____

Imperativ / Befehlsform

_____

_____

Perfekt

ich _____

du _____

er, sie, es _____

wir _____

ihr _____

sie _____

Beispiele im Präsens

+ Er legt das Eis in den Tiefkühler.

_____

_____

- Der Sturm legt sich nicht.

_____

_____

? Legt die Henne täglich ein Ei?

_____

_____

Beispiele im Perfekt

+ Er hat das Buch auf den Tisch gelegt.

_____

_____

- Sie hat das Bild nicht zur Seite gelegt.

_____

_____

? Hast du es auf den Boden gelegt?

_____

_____

legen _____

Präteritum

ich _____

du _____

er, sie, es _____

wir _____

ihr _____

sie _____

Futur I

ich _____

du _____

er, sie, es _____

wir _____

ihr _____

sie _____

Beispiele im Präteritum

+	Er legte seine Hand auf den Tisch.
	_____
	_____

-	Wir legten die Karten nicht hin.
	_____
	_____

?	Legte sich der Streit wieder?
	_____
	_____

Beispiele im Futur I

+	Wir werden etwas vor die Türe legen.
	_____
	_____

-	Tom wird den Ball nicht dorthin legen.
	_____
	_____

?	Wird sich die Aufregung legen?
	_____
	_____

geben _____

Präsens

ich _____

du _____

er, sie, es _____

wir _____

ihr _____

sie _____

Imperativ / Befehlsform

_____

_____

Perfekt

ich _____

du _____

er, sie, es _____

wir _____

ihr _____

sie _____

Beispiele im Präsens

+ Er gibt sich viel Mühe.

_____

_____

- Das gibt es doch nicht!

_____

_____

? Gebt ihr auch etwas?

_____

_____

Beispiele im Perfekt

+ Wir haben uns die Hand gegeben.

_____

_____

- Sie hat mir die Telefonnummer nicht gegeben.

_____

_____

? Hast du ihm das Geld gegeben?

_____

_____

geben _____

Präteritum

ich _____

du _____

er, sie, es _____

wir _____

ihr _____

sie _____

Futur I

ich _____

du _____

er, sie, es _____

wir _____

ihr _____

sie _____

Beispiele im Präteritum

+ Ich gab mein Bestes.

_____

_____

- Wir gaben fast alles.

_____

_____

? Gab es Schwierigkeiten?

_____

_____

Beispiele im Futur I

+ Sie werden uns etwas geben.

_____

_____

- So etwas wird es nicht geben.

_____

_____

? Wird es morgen schönes Wetter geben?

_____

_____

helfen _____

Präsens

ich _____

du _____

er, sie, es _____

wir _____

ihr _____

sie _____

Imperativ / Befehlsform

_____

_____

Perfekt

ich _____

du _____

er, sie, es _____

wir _____

ihr _____

sie _____

Beispiele im Präsens

+ Sie hilft in der Werkstatt.

_____

_____

- Wir helfen nicht, wenn es nicht nötig ist.

_____

_____

? Hilfst du bitte auch mit?

_____

_____

Beispiele im Perfekt

+ Die Erklärung hat allen geholfen.

_____

_____

- Die Nachbarn haben uns nicht geholfen.

_____

_____

? Habt ihr schon mal im Stall geholfen?

_____

_____

helfen _____

Präteritum

ich   _____

du   _____

er, sie, es _____

wir   _____

ihr   _____

sie   _____

Futur I

ich   _____

du   _____

er, sie, es _____

wir   _____

ihr   _____

sie   _____

Beispiele im Präteritum

+

Die Lösung half uns wirklich.

_____

_____

-

Sie halfen nicht beim Tragen.

_____

_____

?

Half es dir?

_____

_____

Beispiele im Futur I

+

Wir werden sicher wieder helfen.

_____

_____

-

Diese Idee wird uns nicht helfen.

_____

_____

?

Wird jemand helfen?

_____

_____

können

Präsens

ich   _____

du   _____

er, sie, es   _____

wir   _____

ihr   _____

sie   _____

Beispiele im Präsens

+

Niemand kann alles!

_____

_____

-

Wir können nicht mehr weitermachen.

_____

_____

?

Kannst du gut schwimmen?

_____

_____

65

könnlen _____

Präteritum

ich _____

du _____

er, sie, es _____

wir _____

ihr _____

sie _____

Futur I

ich _____

du _____

er, sie, es _____

wir _____

ihr _____

sie _____

Beispiele im Präteritum

+ Ich konnte es gut.

_____

_____

- Er konnte nicht an die Party kommen.

_____

_____

? Konntest du es gut?

_____

_____

Beispiele im Futur I

+ Du wirst es wohl können.

_____

_____

- Wir werden das nicht können.

_____

_____

? Wirst du das gut können?

_____

_____

lassen

Präsens

ich _____

du _____

er, sie, es _____

wir _____

ihr _____

sie _____

Imperativ / Befehlsform

_____

_____

Perfekt

ich _____

du _____

er, sie, es _____

wir _____

ihr _____

sie _____

Beispiele im Präsens

+ Du lässt immer anderen den Vortritt.

_____

_____

- Das lassen wir nicht so stehen.

_____

_____

? Lasst ihr die Möbel draussen?

_____

_____

Beispiele im Perfekt

+ Wir haben es so gelassen!

_____

_____

- Sie haben das Auto nicht draussen gelassen.

_____

_____

? Habt ihr das Haus offen gelassen?

_____

_____

lassen _____

Präteritum

ich _____

du _____

er, sie, es _____

wir _____

ihr _____

sie _____

Futur I

ich _____

du _____

er, sie, es _____

wir _____

ihr _____

sie _____

Beispiele im Präteritum

+

Laura liess die Katze nach draussen.

_____

_____

-

Tom liess nicht nach, bis er es schaffte.

_____

_____

?

Wer liess das Fenster offen?

_____

_____

Beispiele im Futur I

+

Wir werden es wohl oder übel so lassen.

_____

_____

-

Wir werden das nicht einfach so lassen.

_____

_____

?

Werdet ihr es so lassen?

_____

_____

nehmen _____

Präsens

ich _____

du _____

er, sie, es _____

wir _____

ihr _____

sie _____

Imperativ / Befehlsform

_____

_____

Perfekt

ich _____

du _____

er, sie, es _____

wir _____

ihr _____

sie _____

Beispiele im Präsens

+ Er nimmt eine Dusche.

_____

_____

- Man nimmt nicht alles.

_____

_____

? Nehmt ihr eine Pause?

_____

_____

Beispiele im Perfekt

+ Er hat am Bahnhof ein Taxi genommen.

_____

_____

- Sie hat das Geld nicht genommen.

_____

_____

? Wer hat es genommen?

_____

_____

nehmen _____

Präteritum

ich _____

du _____

er, sie, es _____

wir _____

ihr _____

sie _____

Futur I

ich _____

du _____

er, sie, es _____

wir _____

ihr _____

sie _____

74

Beispiele im Präteritum

+ Er nahm nur drei Sonnenblumen.

_____

_____

- Sie nahm die Medizin nicht.

_____

_____

? Nahmt ihr von dem Gebäck?

_____

_____

Beispiele im Futur I

+ Ich werde den Gutschein nehmen.

_____

_____

- Das darf man nicht nehmen!

_____

_____

? Wirst du Urlaub nehmen?

_____

_____

schlafen _____

Präsens

ich _____

du _____

er, sie, es _____

wir _____

ihr _____

sie _____

Imperativ / Befehlsform

_____

_____

Perfekt

ich _____

du _____

er, sie, es _____

wir _____

ihr _____

sie _____

76

Beispiele im Präsens

+ Die Katze schläft auf dem Sofa.

_____

_____

- Mein kleiner Bruder schläft noch nicht.

_____

_____

? Schläfst du schon?

_____

_____

Beispiele im Perfekt

+ Wir haben im Gästezimmer geschlafen.

_____

_____

- Er hat die ganze Nacht nicht geschlafen.

_____

_____

? Hat sie schon geschlafen?

_____

_____

schlafen _____

Präteritum

ich	_____
du	_____
er, sie, es	_____
wir	_____
ihr	_____
sie	_____

Futur I

ich	_____
du	_____
er, sie, es	_____
wir	_____
ihr	_____
sie	_____

Beispiele im Präteritum

+   Ich schlief in meinem Zelt.

_____

_____

-   Du schliefst nicht gut.

_____

_____

?   Schlieft ihr unterm Sternenzelt?

_____

_____

Beispiele im Futur I

+   Wir werden hier gut schlafen.

_____

_____

-   Man wird nicht auf dem Boden schlafen.

_____

_____

?   Wirst du hier schlafen?

_____

_____

leben _____

Präsens

ich _____

du _____

er, sie, es _____

wir _____

ihr _____

sie _____

Imperativ / Befehlsform

_____

_____

Perfekt

ich _____

du _____

er, sie, es _____

wir _____

ihr _____

sie _____

Beispiele im Präsens

+   Er lebt schon lange in Frankreich.

_____

_____

-   Sie lebt nicht alleine.

_____

_____

?   Lebt Tom nicht mehr in Deutschland?

_____

_____

Beispiele im Perfekt

+   Sie haben drei Jahre in London gelebt.

_____

_____

-   Ich habe nicht alleine in Paris gelebt.

_____

_____

?   Wo habt ihr damals gelebt?

_____

_____

leben _____

Präteritum

ich _____

du _____

er, sie, es _____

wir _____

ihr _____

sie _____

Futur I

ich _____

du _____

er, sie, es _____

wir _____

ihr _____

sie _____

Beispiele im Präteritum

+ Sie lebten südlich von Paris.

_____

_____

- Wir lebten nicht lange dort.

_____

_____

? Lebten dort auch wilde Tiere?

_____

_____

Beispiele im Futur I

+ Sie wird dort einige Monate leben.

_____

_____

- Ich werde nicht in den USA leben.

_____

_____

? Wirst du dort auch leben?

_____

_____

lernen

Präsens

ich _____

du _____

er, sie, es _____

wir _____

ihr _____

sie _____

Imperativ / Befehlsform

_____

_____

Perfekt

ich _____

du _____

er, sie, es _____

wir _____

ihr _____

sie _____

Beispiele im Präsens

+ Tom lernt jeweils nach dem Abendessen.

_____

_____

- Er lernt nicht gerne Französisch.

_____

_____

? Seit wann lernt Ihr Deutsch?

_____

_____

Beispiele im Perfekt

+ Ich habe dadurch viel gelernt.

_____

_____

- Sie haben die Wörter nicht gelernt.

_____

_____

? Habt ihr das Gedicht nicht gelernt?

_____

_____

lernen _____

Präteritum

ich _____

du _____

er, sie, es _____

wir _____

ihr _____

sie _____

Futur I

ich _____

du _____

er, sie, es _____

wir _____

ihr _____

sie _____

Beispiele im Präteritum

+ Sie lernte täglich eine Stunde.

_____

_____

- Er lernte nicht viel.

_____

_____

? Lerntest du wirklich etwas?

_____

_____

Beispiele im Futur I

+ Beide werden viel lernen.

_____

_____

- Sie lernten nicht viel mehr.

_____

_____

? Wirst du doch noch lernen?

_____

_____

sagen

Präsens

ich   _____

du   _____

er, sie, es   _____

wir   _____

ihr   _____

sie   _____

Imperativ / Befehlsform

Perfekt

ich   _____

du   _____

er, sie, es   _____

wir   _____

ihr   _____

sie   _____

Beispiele im Präsens

+ Ich sage es noch einmal.

_____

_____

- Das hast du mir nicht gesagt.

_____

_____

? Sagt er das schon wieder?

_____

_____

Beispiele im Perfekt

+ Wir haben es ihm immer wieder gesagt.

_____

_____

- Das hat man mir nicht gesagt.

_____

_____

? Hat er das wirklich gesagt?

_____

_____

sagen _____

Präteritum

ich _____

du _____

er, sie, es _____

wir _____

ihr _____

sie _____

Futur I

ich _____

du _____

er, sie, es _____

wir _____

ihr _____

sie _____

Beispiele im Präteritum

+ Paul sagte nur die Wahrheit.

_____

_____

- Das sagten wir nicht.

_____

_____

? Sagtest du das dem Polizisten?

_____

_____

Beispiele im Futur I

+ Er wird uns das sagen.

_____

_____

- Wir werden das nicht sagen.

_____

_____

? Werdet ihr uns das Geheimnis sagen?

_____

_____

sollen

Präsens

ich _____

du _____

er, sie, es _____

wir _____

ihr _____

sie _____

Perfekt

ich _____

du _____

er, sie, es _____

wir _____

ihr _____

sie _____

Beispiele im Präsens

+

Ihr sollt um 5 Uhr hier sein.

_____

_____

-

Das solltest du nicht tun.

_____

_____

?

Soll ich heute Nachmittag ins Schwimmbad?

_____

_____

sollen _____

Präteritum

ich   _____

du   _____

er, sie, es   _____

wir   _____

ihr   _____

sie   _____

Futur I

ich   _____

du   _____

er, sie, es   _____

wir   _____

ihr   _____

sie   _____

Beispiele im Präteritum

+	Er sollte schon hier sein.
	_____
	_____
-	Dies sollten wir nicht tun.
	_____
	_____
?	Solltest du nicht in der Schule sein?
	_____
	_____

Beispiele im Futur I

+	Dieses Lied soll richtig gut werden.
	_____
	_____
-	Es soll nicht so werden wie letztes Mal.
	_____
	_____
?	Was soll das werden?
	_____
	_____

müssen _____

Präsens

ich _____

du _____

er, sie, es _____

wir _____

ihr _____

sie _____

Perfekt

ich _____

du _____

er, sie, es _____

wir _____

ihr _____

sie _____

Beispiele im Präsens

+
Die Kinder müssen jetzt nach Hause.

_____

_____

-
Man muss nicht überall mitmachen.

_____

_____

?
Muss ich auch mitkommen?

_____

_____

müssen _____

Präteritum

ich _____

du _____

er, sie, es _____

wir _____

ihr _____

sie _____

Futur I

ich _____

du _____

er, sie, es _____

wir _____

ihr _____

sie _____

Beispiele im Präteritum

+	Er musste zum Chef.
	_____

-	Wir mussten diese Aufgabe nicht lösen.
	_____

?	Musstet ihr zum Zahnarzt gehen?
	_____

Beispiele im Futur I

+	Wir werden dieses Buch lesen müssen.
	_____

-	Sie werden dieses Thema wissen müssen.
	_____

?	Wirst du auch zum Direktor gehen müssen?
	_____

wollen

_____

Präsens

ich _____

du _____

er, sie, es _____

wir _____

ihr _____

sie _____

Perfekt

ich _____

du _____

er, sie, es _____

wir _____

ihr _____

sie _____

Beispiele im Präsens

+ Er will heute auch dabei sein.

_____

_____

- Wir wollen heute nicht Spaghetti essen.

_____

_____

? Willst du schon wieder Schokolade kaufen?

_____

_____

wollen _____

Präteritum

ich   _____

du   _____

er, sie, es   _____

wir   _____

ihr   _____

sie   _____

Futur I

ich   _____

du   _____

er, sie, es   _____

wir   _____

ihr   _____

sie   _____

Beispiele im Präteritum

+   Das Team wollte noch einmal gewinnen.

_____

_____

-   Ich wollte sicher nicht klettern.

_____

_____

?   Wolltet ihr ins Kino gehen?

_____

_____

Beispiele im Futur I

+   Sie werden schon noch essen wollen.

_____

_____

-   Der Kunde wird das so nicht kaufen wollen.

_____

_____

?   Wer wird es denn so sehen wollen?

_____

_____

lesen

Präsens

ich _____

du _____

er, sie, es _____

wir _____

ihr _____

sie _____

Imperativ / Befehlsform

_____

_____

Perfekt

ich _____

du _____

er, sie, es _____

wir _____

ihr _____

sie _____

Beispiele im Präsens

+

Anna liest gerne Bücher.

_____

_____

-

So etwas lese ich nicht.

_____

_____

?

Lest ihr jeden Tag die Zeitung?

_____

_____

Beispiele im Perfekt

+

Die Klasse hat ein langweiliges Buch gelesen.

_____

_____

-

Die Kinder haben die Comics nicht gelesen.

_____

_____

?

Habt ihr alles gelesen?

_____

_____

lesen _____

Präteritum

ich _____

du _____

er, sie, es _____

wir _____

ihr _____

sie _____

Futur I

ich _____

du _____

er, sie, es _____

wir _____

ihr _____

sie _____

Beispiele im Präteritum

+

Wir lasen in den Ferien viele Magazine.

_____

_____

-

Er las die Anleitung nicht.

_____

_____

?

Last ihr den Bericht?

_____

_____

Beispiele im Futur I

+

Diesen Roman werde ich sicher lesen.

_____

_____

-

Ich werde den Brief nicht lesen.

_____

_____

?

Werdet ihr die Beschreibung lesen?

_____

_____

sprechen _____

Präsens

ich _____

du _____

er, sie, es _____

wir _____

ihr _____

sie _____

Imperativ / Befehlsform

_____

_____

Perfekt

ich _____

du _____

er, sie, es _____

wir _____

ihr _____

sie _____

Beispiele im Präsens

+   Die Kinder sprechen ständig.

_____

_____

-   Sie spricht nicht gerne.

_____

_____

?   Sprechen die Leute Deutsch miteinander?

_____

_____

Beispiele im Perfekt

+   Der Lehrer hat laut gesprochen.

_____

_____

-   Wir haben darüber nicht gesprochen.

_____

_____

?   Wer hat gesprochen?

_____

_____

sprechen _____

Präteritum

ich _____

du _____

er, sie, es _____

wir _____

ihr _____

sie _____

Futur I

ich _____

du _____

er, sie, es _____

wir _____

ihr _____

sie _____

Beispiele im Präteritum

+ Niemand sprach darüber.

_____

_____

- Du sprachst nicht sehr laut.

_____

_____

? Sprachen sie unsere Sprache?

_____

_____

Beispiele im Futur I

+ Er wird mit ihm sprechen.

_____

_____

- Wir werden nicht darüber sprechen.

_____

_____

? Wird er zu ihr sprechen?

_____

_____

treffen _____

Präsens

ich	_____
du	_____
er, sie, es	_____
wir	_____
ihr	_____
sie	_____

Imperativ / Befehlsform

_____

_____

Perfekt

ich	_____
du	_____
er, sie, es	_____
wir	_____
ihr	_____
sie	_____

Beispiele im Präsens

+

Tom trifft seinen besten Freund.

_____

_____

-

Hier können wir uns nicht treffen.

_____

_____

?

Trefft ihr euch am Bahnhof?

_____

_____

Beispiele im Perfekt

+

Sie haben sich bei ihm getroffen.

_____

_____

-

Wir haben uns nicht mehr getroffen.

_____

_____

?

Hast du sie nicht getroffen?

_____

_____

treffen _____

Präteritum

ich _____

du _____

er, sie, es _____

wir _____

ihr _____

sie _____

Futur I

ich _____

du _____

er, sie, es _____

wir _____

ihr _____

sie _____

Beispiele im Präteritum

+   Sie trafen alte Freunde.

_____

_____

-   Susanne traf Tim doch nicht.

_____

_____

?   Trafst du deinen Vater?

_____

_____

Beispiele im Futur I

+   Wir werden uns bestimmt treffen.

_____

_____

-   Laura wird Leon nicht treffen.

_____

_____

?   Wirst du den Trainer treffen?

_____

_____

vergessen

Präsens

ich _____

du _____

er, sie, es _____

wir _____

ihr _____

sie _____

Imperativ / Befehlsform

_____

_____

Perfekt

ich _____

du _____

er, sie, es _____

wir _____

ihr _____

sie _____

Beispiele im Präsens

+   Er vergisst immer alles.

_____

_____

-   Wir vergessen die Party nicht.

_____

_____

?   Vergisst du die Geschichte schon?

_____

_____

Beispiele im Perfekt

+   Ich habe die Uhr vergessen?

_____

_____

-   Sie haben die Vokabeln nicht vergessen.

_____

_____

?   Habt ihr nichts vergessen?

_____

_____

vergessen _____

Präteritum

ich _____

du _____

er, sie, es _____

wir _____

ihr _____

sie _____

Futur I

ich _____

du _____

er, sie, es _____

wir _____

ihr _____

sie _____

Beispiele im Präteritum

+   Sie vergass die Hausaufgaben

_____

_____

-   Wir vergassen die Kekse nicht.

_____

_____

?   Vergassest du, dass heute Montag ist?

_____

_____

Beispiele im Futur I

+   Wir werden das wieder vergessen.

_____

_____

-   Er wird es nicht so schnell vergessen.

_____

_____

?   Werdet ihr die Bücher wieder vergessen?

_____

_____

wissen

Präsens

ich _____

du _____

er, sie, es _____

wir _____

ihr _____

sie _____

Imperativ / Befehlsform

_____

_____

Perfekt

ich _____

du _____

er, sie, es _____

wir _____

ihr _____

sie _____

Beispiele im Präsens

+

Sie weiss viel über Dinosaurier.

_____

_____

-

Wir wissen es nicht.

_____

_____

?

Weisst du warum?

_____

_____

Beispiele im Perfekt

+

Ich habe vom Diebstahl gewusst

_____

_____

-

Sie haben vom Verbot nichts gewusst.

_____

_____

?

Habt ihr vom vielen Gold gewusst?

_____

_____

wissen _____

Präteritum

ich _____

du _____

er, sie, es _____

wir _____

ihr _____

sie _____

Futur I

ich _____

du _____

er, sie, es _____

wir _____

ihr _____

sie _____

Beispiele im Präteritum

+ Sie wusste mehrere spanische Wörter.

_____

_____

- Wir wussten viele Automarken nicht.

_____

_____

? Wusstest du von diesem Plan?

_____

_____

Beispiele im Futur I

+ Er wird einiges über seine Freunde wissen.

_____

_____

- Ihr werdet nichts über eure Gegner wissen.

_____

_____

? Wirst du etwas über die Waldtiere wissen?

_____

_____

Zusammengesetzte Verben

Eine Besonderheit der deutschen Sprache sind die zusammengesetzten Verben. Ein kleiner Zusatz bei einem Verb kann seine Bedeutung stark verändern. Der Zusatz steht bei verschiedenen Zeiten oft an anderer Stelle, was die Sache zusätzlich kompliziert macht. Deshalb werden wir hier vier Verben aus dem Buch in einer zusammengestzten Variante ansehen, nämlich:

- fernsehen
- weggehen
- auslassen
- vorlesen

fernsehen _____

Präsens

ich _____

du _____

er, sie, es _____

wir _____

ihr _____

sie _____

Imperativ / Befehlsform

_____

_____

Perfekt

ich _____

du _____

er, sie, es _____

wir _____

ihr _____

sie _____

Beispiele im Präsens

+
Ich sehe jeden Abend eine Stunde fern.

_____

_____

-
Wir sehen nicht oft fern.

_____

_____

?
Siehst du am Wochenende viel fern?

_____

_____

Beispiele im Perfekt

+
Ich habe zu viel ferngesehen.

_____

_____

-
Sie haben am Morgen nicht ferngesehen.

_____

_____

?
Habt ihr schon als Kind ferngesehen?

_____

_____

fernsehen _____

Präteritum

ich   _____

du   _____

er, sie, es   _____

wir   _____

ihr   _____

sie   _____

Futur I

ich   _____

du   _____

er, sie, es   _____

wir   _____

ihr   _____

sie   _____

Beispiele im Präteritum

+ Sie sah nur 20 Minuten fern.
_____
_____

- Wir sahen in den Ferien nicht fern.
_____
_____

? Sahest du kurz fern?
_____
_____

Beispiele im Futur I

+ Er wird am Abend kurz fernsehen.
_____
_____

- Sie wird im Bus nicht fernsehen.
_____
_____

? Werdet ihr im Flugzeug fernsehen?
_____
_____

129

weggehen _____

Präsens

ich _____

du _____

er, sie, es _____

wir _____

ihr _____

sie _____

Imperativ / Befehlsform

_____

_____

Perfekt

ich _____

du _____

er, sie, es _____

wir _____

ihr _____

sie _____

Beispiele im Präsens

+ Sie geht mit der Mutter weg.

_____

_____

- Wir gehen nicht mit fremden Leuten weg.

_____

_____

? Geht er mit den Kindern in den Ferien weg?

_____

_____

Beispiele im Perfekt

+ Er ist am Abend weggegangen.

_____

_____

- Sie sind in den Ferien nicht weggegangen.

_____

_____

? Seid ihr mit den Eltern weggegangen?

_____

_____

weggehen _____ ↑→
←↓

Präteritum

ich _____

du _____

er, sie, es _____

wir _____

ihr _____

sie _____

Futur I

ich _____

du _____

er, sie, es _____

wir _____

ihr _____

sie _____

Beispiele im Präteritum

+ Sie ging fünf Tage weg.

_____

_____

- Wir gingen nicht jedes Jahr weg.

_____

_____

? Gingst du alleine weg?

_____

_____

Beispiele im Futur I

+ Er wird mit seinem Sohn weggehen.

_____

_____

- Sie wird heute nicht weggehen.

_____

_____

? Werden die Touristen bald weggehen?

_____

_____

auslassen _____

Präsens

ich _____

du _____

er, sie, es _____

wir _____

ihr _____

sie _____

Imperativ / Befehlsform

_____

_____

Perfekt

ich _____

du _____

er, sie, es _____

wir _____

ihr _____

sie _____

Beispiele im Präsens

+ Du lässt immer Buchstaben aus.

_____

_____

- Das lassen wir nicht aus.

_____

_____

? Lasst ihr das Dessert aus?

_____

_____

Beispiele im Perfekt

+ Wir haben es ausgelassen!

_____

_____

- Sie haben die Vorstellung nicht ausgelassen.

_____

_____

? Habt ihr diese Stelle ausgelassen?

_____

_____

auslassen _____

Präteritum

ich   _____

du   _____

er, sie, es   _____

wir   _____

ihr   _____

sie   _____

Futur I

ich   _____

du   _____

er, sie, es   _____

wir   _____

ihr   _____

sie   _____

Beispiele im Präteritum

+ Laura liess das Feld aus.

_____

_____

- Tom liess nichts aus.

_____

_____

? Wer liess die Theatervorstellung aus?

_____

_____

Beispiele im Futur I

+ Wir werden es wohl auslassen.

_____

_____

- Wir werden das nicht einfach auslassen.

_____

_____

? Werdet ihr es auslassen?

_____

_____

vorlesen

_____

Präsens

ich _____

du _____

er, sie, es _____

wir _____

ihr _____

sie _____

Imperativ / Befehlsform

_____

_____

Perfekt

ich _____

du _____

er, sie, es _____

wir _____

ihr _____

sie _____

Beispiele im Präsens

+	Anna liest gerne Geschichten vor. _____ _____
-	So etwas lese ich nicht vor. _____ _____
?	Lest ihr jeden Tag Witze vor? _____ _____

Beispiele im Perfekt

+	Die Klasse hat ein langweiliges Buch vorgelesen. _____ _____
-	Die Kinder haben die Comics nicht vorgelesen. _____ _____
?	Habt ihr alles vorgelesen? _____ _____

vorlesen _____

Präteritum

ich _____

du _____

er, sie, es _____

wir _____

ihr _____

sie _____

Futur I

ich _____

du _____

er, sie, es _____

wir _____

ihr _____

sie _____

Beispiele im Präteritum

+ Wir lasen in den Ferien viele Strassenschilder vor.

_____

_____

- Er las die Anleitung nicht vor.

_____

_____

? Last ihr den Bericht laut vor?

_____

_____

Beispiele im Futur I

+ Diesen Artikel werde ich sicher vorlesen.

_____

_____

- Ich werde den Brief nicht vorlesen.

_____

_____

? Werdet ihr die Beschreibung vorlesen?

_____

_____

Inhalt

Verb	Schwierigkeit	Seite
haben	3	4
sein	3	8
sehen	3	12
werden	3	16

Schwierigkeit

1=

2=

3=

kommen	2	20
gehen	3	24
laufen	3	28

arbeiten	1	32
machen	1	36
finden	2	40
trinken	2	44
tun	2	48
legen	1	52
geben	3	56
helfen	3	60
können	3	64
lassen	3	68
nehmen	3	72
schlafen	3	76

leben	1	80
lernen	1	84
sagen	1	88
sollen	1	92
müssen	2	96
wollen	2	100
lesen	3	104
sprechen	3	108
treffen	3	112
vergessen	3	116
wissen	3	120

Zusammengesetzte Verben

fernsehen	3	126
weggehen	3	130
auslassen	3	134
vorlesen	3	138